LA CRÈME GLACÉE

UN RÉGAL

DIEYNABA

La crème glacée

Un régal

DIEYNABA

EDITIONS AB ALKE BULAN

Dédicaces

À mon père, à ma mère, ma sœur, mon frère.

À Lise, Julianne et Marirose.

À mes amis et camarades de classes.

À tous ceux et toutes celles qui aiment la crème glacée

Comment on fait la crème glacée?

Qui n'adore pas la crème glacée riche et onctueuse ? Au lieu d'en acheter au supermarché, vous pouvez en faire vous-même. De cette façon, vous pouvez contrôler tous les ingrédients et utiliser les parfums de votre choix. Vous pouvez utiliser une base de crème anglaise avec des œufs ou du fromage frais sans œufs, mais le plus important est la façon de battre la glace. Une sorbetière électrique rend le procédé très facile, mais vous pouvez mélanger la glace à la main avec une cuillère. Vous pouvez aussi effectuer le travail avec le récipient d'une sorbetière, des sacs en plastique remplis de glaçons et de gros sel ou encore un mixeur. Si le procédé vous semble trop long, vous pouvez même utiliser du lait concentré sucré pour faire de la crème glacée qui n'a pas besoin d'être battue. Les possibilités sont infinies!

Les différents types de crème glacée?

Il y a de différents types de crème glacée comme la crème glacée dure, la crème glacée molle, la crème glacée française, le gelato à l'italienne, la crème glacée légère, la crème glacée faible en gras, le dessert laitier glacé incluant du sorbet, etc.

Pour notre saveur, on a plusieurs choix : glace au chocolat, sorbet cassis, glace à l'eau citron, crème glacée vanille, yaourt glacé... Ce que l'on appelle indifféremment glace recouvre en réalité plusieurs types de desserts. Et selon les ingrédients, la facture calorique peut aller du simple au triple !

La crème glacée est un désert très sucré et délicieux

La crème glacée est, sans aucun doute, mon péché mignon... et je ne suis certainement pas la seule ! Qu'en est-il pour toi? Pour moi, toutes les occasions sont bonnes pour déguster une onctueuse crème glacée, offerte en plusieurs déclinaisons dans les supermarchés. J'aime en général toutes sortes de saveurs.

Exemple : pistache, chocolat, vanille, fraise, banane etc.

À la maison ou au magasin, j'adore!

Elle est dès fois faite à la maison. L'été, c'est fait pour jouer... et manger de la crème glacée! Préparer des délices glacés lorsqu'on a une sorbetière n'a rien de sorcier. C'est même une façon incroyable de développer sa créativité en testant toutes sortes de combinaisons. Qui veut une crème glacée poivre et poire? Sachez qu'il existe plusieurs recettes délicieuses qui ne nécessitent aucune machine!

La crème glacée est aussi vendue dans les boutiques de crèmes glacées comme *Dairy Queen*, *Chip Stand*, etc.

Moi, j'aime vanille, mangue et fraise et plein d'autres sortes de glaces.

Et toi, quelle saveur de crème glacée aimes-tu?

Crème glacée faite à la maison

Crème glacée vendue à la boutique

Dans quel récipient pouvons-nous mettre la crème glacée?

On peut mettre les crèmes glacées dans des cornets ou dans des tasses, bols, etc.

Les glaces peuvent être des sorbets, des *popcicles* ou sucettes glacées en français, etc.

On peut les décorer avec des confettis, du sirop, du caramel, avec des fraises, etc.

Voici ma crème glacée préférée : à la mangue

La crème glacée est délicieuse mais on la consomme avec modération

La crème glacée est délicieuse mais il ne faut pas en abuser. Si tu en manges trop, cela peut causer des risques de maladies chroniques comme les maladies cardiaques, l'hypercholestérolémie, l'obésité et le diabète au fil du temps. Il faut donc en consommer avec modération.

Selon les spécialistes en nutrition, la majorité des yogourts et des laits glacés sont « bourrés » de produits non nutritifs et contiennent beaucoup de sucre. Les versions « sans sucre » sont, pour leur part, fabriquées avec du sucralose, de l'asparthame ou des sucres-alcool. « Ce sont de bons produits pour les diabétiques qui affichent un surplus de poids, mais ça demeure un dessert peu nutritif, comparativement à un vrai yogourt », nuance-t-elle.

Donc n'abusons de la crème glacée.

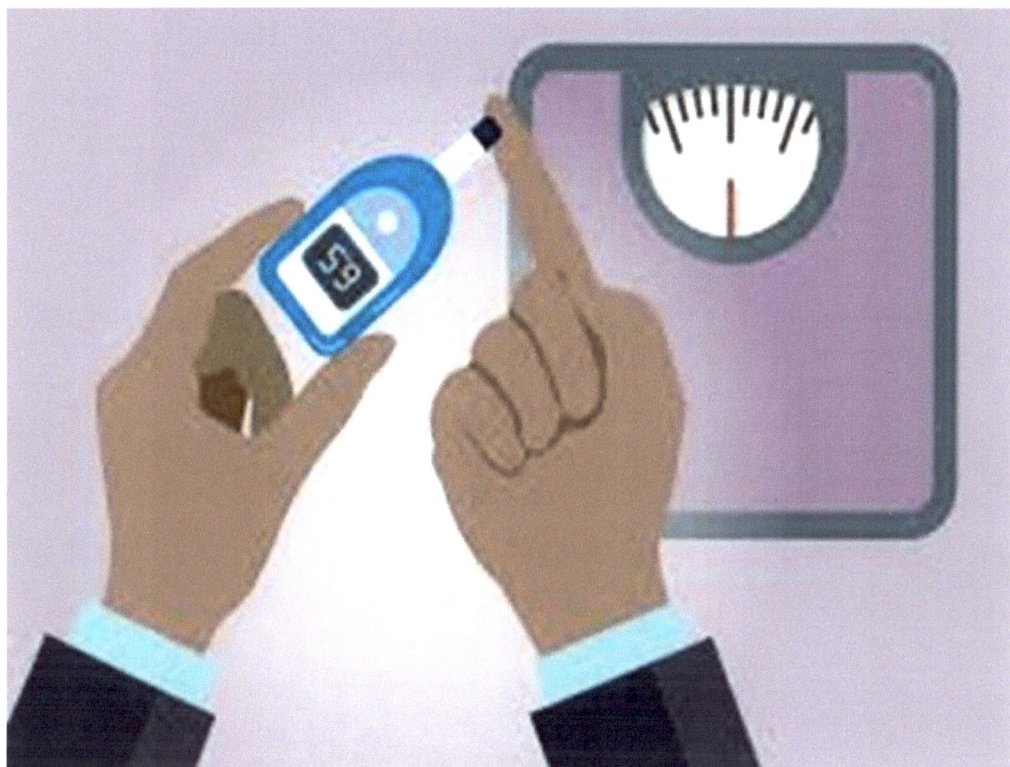

Sources :

Voici les sites internet qui m'ont aidé à créer ce livre sur la crème glacée

https://fr.wikihow.com/faire-de-la-cr%C3%A8me-glac%C3%A9e

https://www.futura-sciences.com/sante/questions-reponses/nutrition-glace-creme-glacee-sorbet-difference-14192/

https://www.journaldemontreal.com/2017/07/09/delicieuse-creme-glacee

https://ici.radio-canada.ca/mordu/recettes/cremes-glacees-et-sorbets

https://www.fourchette-et-bikini.fr/recettes/recettes-minceur/creme-glacee-exotique-a-la-creme-legere-ananas-mangue.html

https://www.passeportsante.net/fr/Actualites/Nouvelles/Fiche.aspx?doc=2007071148#:~:text=Selon%20H%C3%A9l%C3%A8ne%20Baribeau%2C%20la%20majorit%C3%A9,asparthame%20ou%20des%20sucres%2Dalcool.

Résumé du livre :

J'aimerais montrer aux gens surtout aux plus jeunes comme moi que la crème glacée c'est bon, c'est délicieux mais que trop en manger est dangereux notre santé physique et mentale. Il faut donc en consommer avec modération.

Auteure : **Dieynaba**

Dieynaba est âgée de dix ans. Elle est élève en 5ᵉ année en Ontario au Canada. Elle aime lire, écrire et partager ses expériences avec ses amis et tout le monde.

La crème glacée

Livre jeunesse

Dieynaba

Editions AB

Alke Bulan

www.ingramcontent.com/pod-product-compliance
Lightning Source LLC
Chambersburg PA
CBHW041811040426
42449CB00004B/156